KEINE VERÖFFENTLICHUNG, KEINE ISBN!! BESTE WERBUNG AUS MEINEN 55 ISBN-BOOKS!

C Gerd Steinkoenig, 12. November 2023

Gerd Steinkoenig

8. November um 16:05 ·

Mit Deine Freunde geteilt

1 Tag vor meinem 64. Geburtstag! When I'm 64 (The Beatles)... Mit meinen 4 letzten ISBN-Büchern aus 55 ISBN-Büchern ☺ Plus aus meinen Besten CDs (Auswahl)! C P Gerd Steinkoenig 08.11.2023 #facebook #instagram (mit 3 Acounts: #magicmirror1959 #magicmirror1959art #magicmirror1959musik

Meine 29 ISBN-Bücher aus 55 ISBN-Bücher (11.11.2023, "Los Angeles"-Fotostyle Instagram)
#facebook #instagram (3 Accounts).

29 aus 55! Special 1: "davor" 2017 mit meiner Blood-Phase (4 Books 2017)

29 aus 55, Special 2: mein letztes Buch (Oktober 2023), mein erstes Buch (Januar 2017)

29 aus 55, Special 4! Gerds Leben

Annweiler am Trifels, das Herz der Pfalz ☺

Album Schreiben ab 2.11.23

Magic Mirror

1 Tage ·

Einen Tag nach dem 9. November 2023, 2. Tag als 64jähriger. Hab nach meinem Institut zu meiner Betreueranwältin vorbei geschaut, wegen meinen letzten 2 Büchern (Nachtrag, Nachtrag Teil 2). Und hatte eine Begegnung der dritten Art! Sie und "mein Engelchen" wollten eigentlich gleich weg - das Personal war gar nicht mehr da - zu einem Tierarzt. Sie hatte noch schnell was erledigt und ich sprach mit Engelchen über meine Bücher und wegen meiner Mutter. Paralell hatte ich alle gestreichelt: 3 Hunde und eine Katze! Alle Hunde waren so brav und friedlich.Und das kleine struppige, stinkende Kätzchen. Immer miaut, sie musste zum Tierarzt (hatte irgendwas am Mäulchen).Natürlich gestreichelt! Wir hatten schnell noch was Geschäfliches und zum Abschied hat das Engelchen mit ihren Augen gestrahlt/gelacht, als ich fröhlich sagte: jetzt hab ich alle 4 gestreichelt.

Gerade 2018/2019 hab ich meine Betreueranwältin verflucht, gehasst! Mittlerweile hab ich natürlich mehr positive Fortschritte, positive Entwicklungen. Es ist viel ruhiger. Diesmal aber hatte ich echt die Frage bei mir: wenn man so tierlieb ist (weiß ich schon seit 2018 von ihren Pferden und von ihren Haustieren), und anscheinend wurde ihr als Streunerin "eingefangen". Und wie gesagt, die Hunde so lieb, vertrauenswürdig, schmusen. Der große

Hund wollte einfach schmusen, der mittlere Hund war zwar ein bisschen schüchtern - aber er ließ sich schön streicheln. 2018/2019 hatte ich eine andere Katze gestreichelt, war wohl kratzbürstig, aber ich konnte streicheln und sie war auch brav.

Hab ich nun am 2. Tag als 64jähriger einen Frieden, Symbiose gemacht. Das meine Betreueranwältin kein Grrrrr ist? Oder doch, weil sie ganz einfach eine Anwältin ist? Oder doch, das sie - als echte Tierliebende - Charakter, Emphatie hat?

Magic Mirror 10. November 2023

Magic Mirror

6 Tage ·

Mit Deine Freunde und Gerds Freunde geteilt

PRÜFUNGEN MEINES LEBENS

Man denkt, ich habs geschafft! Freude!

Dann doch wieder unnötige Probleme

Man denkt, ich hab meine positiven Energien

Und kämpfen gegen die Energie-Vampire

Man denkt, ich hab meine positive Pläne und Ziele

Dann doch wieder egoistische Menschen

Man denkt, ich hab meine positive Gesundheit

Aber die Leute haben keine Schlaganfall-Ahnung

Man denkt, auch 2023 gibt es Niveau-Peoples

Doch 2023 sind 90 % Menschen IQ-Zimmertemperatur

Man denkt, alles ok mit Großvater Vater Sohn

Nicht nur Liebe, sondern Egoismus mit XX

Man denkt, alles ok mit Oma Mutter Sohn

Nicht nur Liebe, sondern Respektlosigkeit mit XX

Man denkt, ich habe Stärke, Positive Vibrations

Kein Blues, sondern Lebenssinn & Kreativität

Man denkt, dann doch Blues, Verzweiflung

Aber ich habe meine zweite Geburt seit 9/2017

Man denkt, meine Seele ist unsterblich

Und meine Seele kämpft, lacht, weint, liebt

Man denkt, mit meiner rebellischen Freiheit

Und jedesmal kommen die Gartenzwergkleinbürger

C P Gerd Steinkoenig Magic Mirror

5. November 2023

Nochmal zum Zweiten (12.11.23)... Hab erst jetzt geschnallt mit Deinem Foto! Ich hatte tatsächlich in diesem Moment gedacht: er fotografiert bestimmt - daher die Hand an der Wange... Und hab gleich gedacht, mit der Gerd-Gestaltung eine Frau? Hahaha...

Hatte gestern (11.11) endlich einen Anruf mit Mutter! Ihr gings gut, sie war lebendiger. Immer noch gedoddelt, aber alles ok. Sie fragte nach der Sommer24-Reise und ich hatte meine Selbstsicherheit und sagte: Nein! Wegen Stress bla bla. Sie meinte nur: allahopp, mach was du willst!

1. Wieder unnötig Schwarzer Tunnel, unnötige Aufregung von mir 2. Man weiß ja nie... In 5 Tagen oder 3 Monaten fragt sie wieder zu diesem Flug...

Greetings

Gerd

Vielen Dank, liebe Frau XX, ich drücke die Daumen für die liebe Mimi :-) Herzliche Grüße, Gerd

> Gesendet: Sonntag, 12. November 2023 um 11:50 Uhr

> Lieber Herr Steinkönig, die Tierärztin war am Freitag da! Jetzt hoffen wir das es der lieben Mimi bald wieder besser geht! Vielen lieben Dank für die Anteilnahme! Herzliche Grüße XX

> > Hallo, liebe Frau XX, liebe Frau XX,

> > mittlerweile weiß ich endlich, das alles ok ist mit Mutter! Natürlich immer noch Pflege, Hilfe, Schlaganfall mit 85 Jahren. Aber nach Monaten endlich Ruhe!

> > Am Freitag war es sehr schön mit den 3 tollen Hunden und mein neuer Liebling namens Katze - alle gestreichelt... Wie geht es ihr mit dem süßen, lieben Kätzchen?!

> > Liebe Grüße

> > Gerd Steinkönig

Nur weil mein Weg
anders aussieht als
deiner, bedeutet das
nicht, dass ich mich
verlaufen habe.

– Autor unbekannt

Der letzte Idealist

Landau in der Pfalz 10. November 2023

SEX
Einkaufswagen in einen
anderen geschoben.
Erotischer wird's
heute auch nicht mehr.
Facebook.com/Sexfakten1

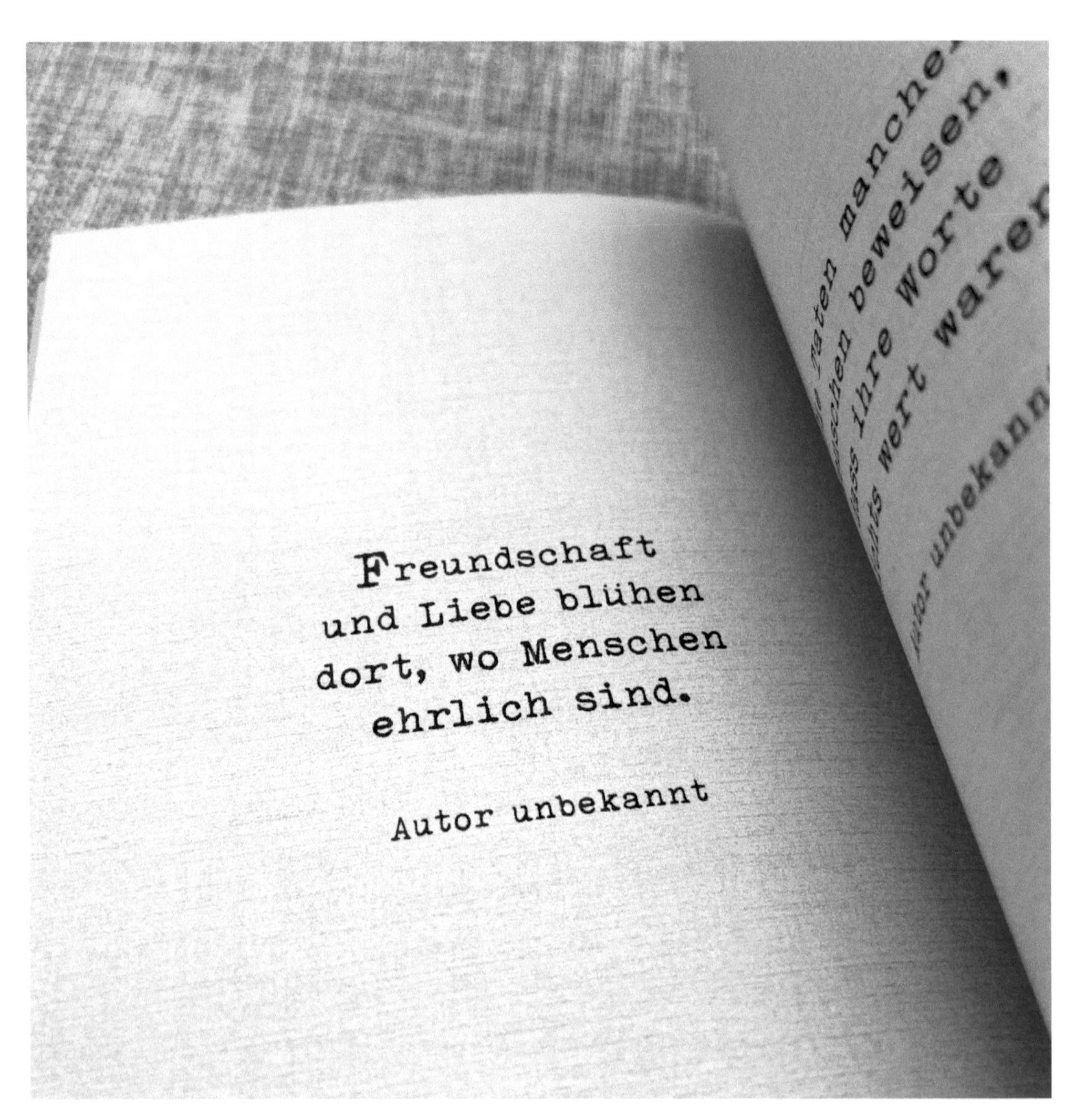
Freundschaft
und Liebe blühen
dort, wo Menschen
ehrlich sind.

Autor unbekannt

PEANUTS
by Schulz

OKAY, TROOPS, HERE'S WHERE WE'LL SPEND THE NIGHT..

I'LL GO OFF AND GATHER SOME FIREWOOD WHILE YOU PREPARE THE CAMP

WE'RE GOING TO BE HERE FOR A COUPLE OF DAYS SO MAKE IT A HAPPY PLACE..
© 1996 United Feature Syndicate, Inc.

3-17

THE BEST OF
GUNS N' ROSES
Odeon

siehe auch S. 41

auf den Plattenteller legen, weil sie sie einfach toll finden — oder sind es die Platten, die sie als die wichtigsten LP's erachten? Eine Differenzierung wäre in manchen Fällen sicher interessant gewesen — ist aber zu spät.

Über die 15 LP's, die die Musikfachleute besonders häufig genannt haben, soll im folgenden einiges erzählt werden:

Nach reiflicher Überlegung im Sommer 1990 nach der Lektüre dieses Buches, habe auch ich meine 10 persönlich - besten LP's aufgelistet:

♡ 1 Dark Side of The Moon - Pink Floyd

Lieblinge 2. A Trick of The Tail - Genesis[x]

Abfahrer 3. Brothers In Arms - Dire Straits

Pioniere 4. Abbey Road - Beatles

bessere Welt 5. Woodstock I + II - Diverse s. S.140

Hardrocker 6. Made In Japan - Deep Purple[xxx]

Märchenfee 7. The Kick Inside - Kate Bush[xx]

Rastafari 8. Legend - Bob Marley

KULT! 9. Regatta de Blanc - Police

♡ 10. The Song Remains The Same - Led Zeppelin

Jede LP hat eine gewisse Geschichte in meinem musikalischen Teil des Lebens. Ganz besonders wie ein roter Faden, die "Dark Side" [135]. An dieser Stelle "entschuldigt" die fehlenden LPs von Bowie, U2, Baez, BAP, G. Miller, Stones, Marillion etc etc

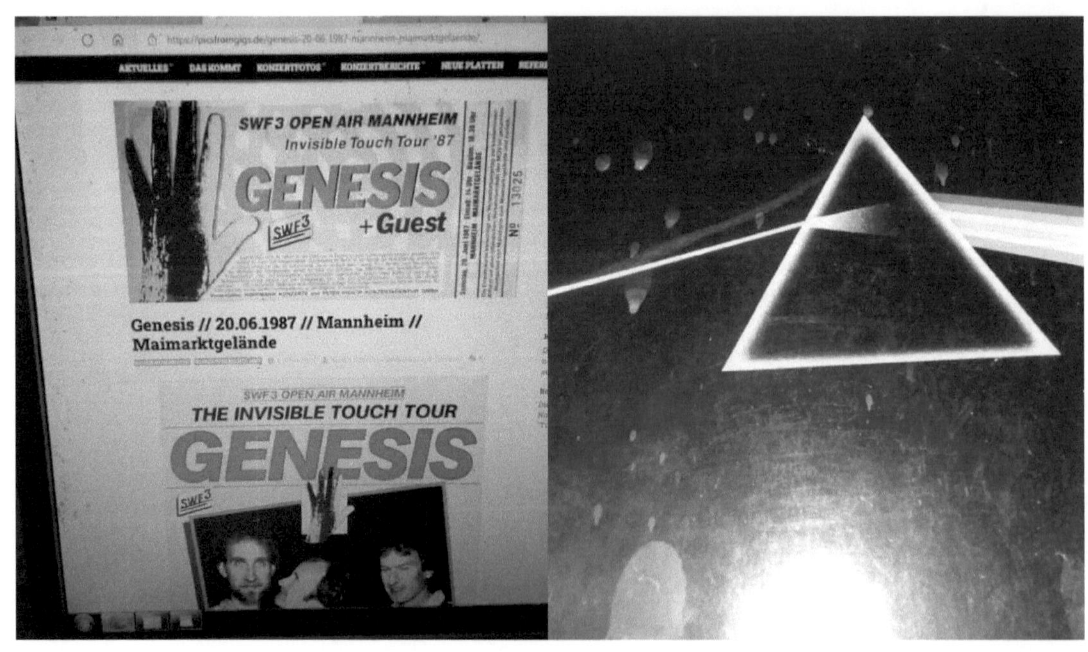
AKTUELLES DAS KOMMT KONZERTFOTOS KONZERTBERICHTE NEUE PLATTEN REFER
SWF3 OPEN AIR MANNHEIM
Invisible Touch Tour '87
GENESIS
+Guest
Genesis // 20.06.1987 // Mannheim //
Maimarktgelände
SWF3 OPEN AIR MANNHEIM
THE INVISIBLE TOUCH TOUR
GENESIS

2023: trotz Kriege, Propaganda, Zeiten um 1930, 1931, sind wir musikalisch in den 1960ern: nach 18 Jahren ein neues Studioalbum mit neuen Songs von den Rolling Stones und Now and Then, das letzte Lied von den Beatles!! Platz 1 in D und GB 2023 von The Beatles!! Now and Then...

From Wikipedia, the free encyclopedia

"Now and Then"

Single by the Beatles

from the album 1967–1970 (2023 edition)[1]

A-side   "Love Me Do" (double A-side)

Released   2 November 2023

Recorded   1966, 1969, c. 1977, 1995, 2022[a]

Studio

The Dakota (New York City)

Friar Park (Oxfordshire)[5]

Hogg Hill Mill (East Sussex)

Abbey Road Studios (London)

Capitol (Los Angeles)

Roccabella West (Los Angeles)

Genre

Psychedelia[6]rock[7]soft rock[8]

Length 4:08[9]

Label   Apple

Songwriter(s)   Original composition by Lennon; the Beatles version by Lennon, McCartney, Harrison and Starkey

Producer(s)

Paul McCartneyGiles MartinJeff Lynne (1995 sessions)[b]

The Beatles singles chronology

"Real Love"

(1996) "Now and Then" / "Love Me Do"

(2023)

Audio

"Now and Then" on YouTube

Music video

"Now and Then" on YouTube

"Now and Then" is a song by the English rock band the Beatles, released on 2 November 2023. Dubbed "the last Beatles song", it appeared on a double A-side single, paired with a new stereo remix of the band's first single, "Love Me Do" (1962), with the two serving as "bookends" to the band's history.[11] Both songs were included on the expanded re-issues of the 1973 compilations 1962–1966 and 1967–1970, released on 10 November 2023.[12]

"Now and Then" is a psychedelic soft rock ballad that John Lennon wrote and recorded in around 1977 as a five-minute solo piano home demo, but left unfinished. After Lennon's death in 1980, the song was considered as the third Beatles reunion single for their 1995–1996 retrospective project The Beatles Anthology, following "Free as a Bird" and "Real Love", both based on Lennon's demos. Instead, it was shelved for nearly three decades, until it was completed by the surviving bandmates Paul McCartney and Ringo Starr, using overdubs and guitar tracks by George Harrison (who died in 2001) from the abandoned 1995 sessions.[13]

The final version features additional lyrics by McCartney[6] and Lennon's voice which was extracted from the demo using the AI-backed audio restoration technology commissioned by Peter Jackson for his 2021 documentary The Beatles: Get Back.[14] Jackson also directed the music video for "Now and Then".[15] The song received acclaim from critics, who felt it was a worthy finale for the Beatles. The song topped the charts in the United Kingdom and Germany, and also reached the top ten in Australia, Ireland, the Netherlands, Sweden, and Switzerland. It is the only Beatles UK number one single not attributed to the Lennon–McCartney songwriting partnership.

ROCK MAGAZIN
Art • Progressive • Psychedelic • Blues • Classic • Hard Rock
THE ROLLING STONES • WINGS
MARILLION • STEWART COPELAND
GONG • OSTROCK TEIL 2
„Diamantenfieber"
THE ROLLING STONES
18 Jahre Anlauf für den großen Wurf!
Interview mit Mick Jagger
mit CD!
Paul McCartney & Wings
50 Jahre Band on the Run
MARiLLiON
Steve Rothery & Fish über „Script"
ROBIN TROWER
OZRIC TENTACLES
BLACK STONE CHERRY
DANNY BRYANT

Mutter und ich aus St. Wendel-Klinik 3. November 2023

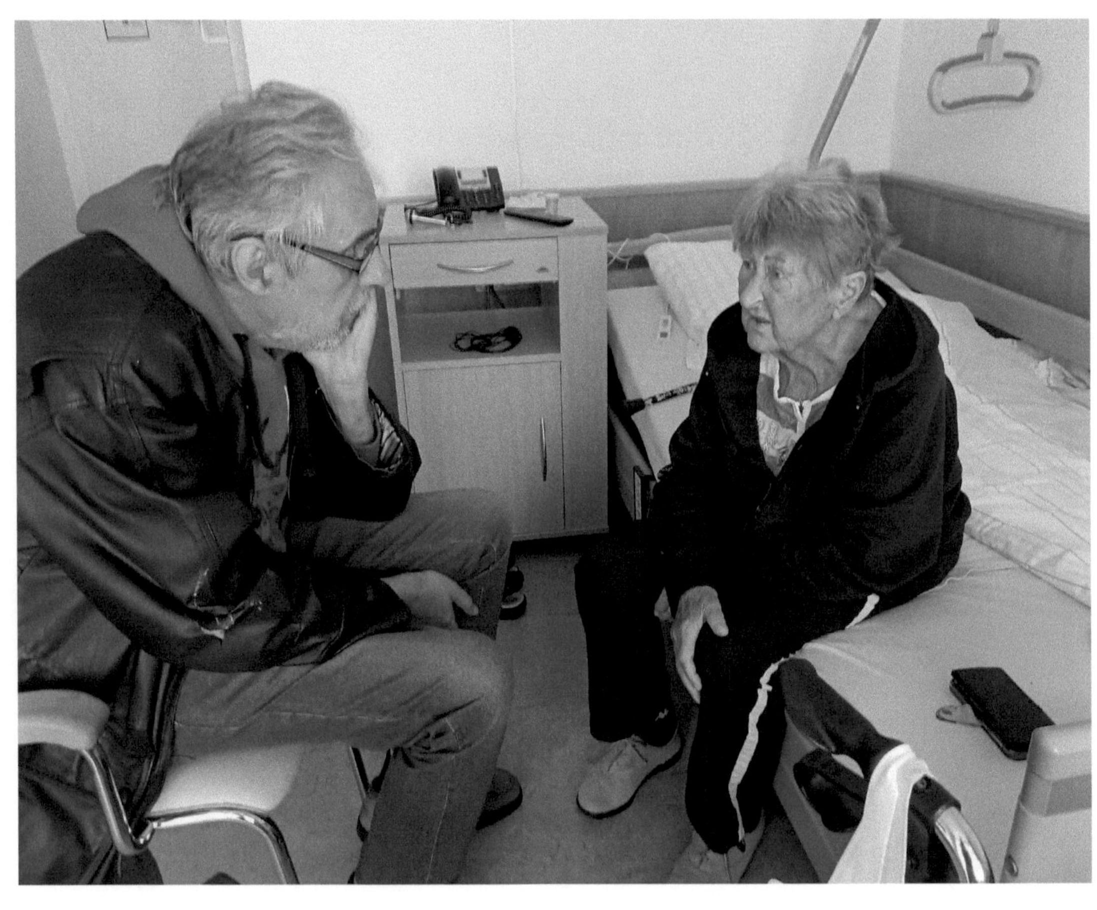

Obere Foto: mal wieder der Stefan Renner

Viele weitere Fotos bei den facebook-Fotoalben des Autors und von Instagram des Autors!

Momentums und Chronologien und Leben mit Lyrics, Prosaen, und Fotos in meinen 55 ISBN-Büchern, zB Blood On The Rooftops, Liebe ist alles, Danach, Die Story von polulärer Musik, Später ohne Buch, Mitte des Menschen etc etc... Und es gibt auch NO-ISBN-Bücher (ohne Veröffentlichung, zB Das Eichhlrnchen aus der Dimension...